Armin Täubner

Frühlingsfensterbilder
und mehr
aus Tonkarton
und Wabenpapier

frechverlag

Von dem bekannten Autor Armin Täubner sind im frechverlag viele weitere österliche Bücher erschienen. Hier eine Auswahl:

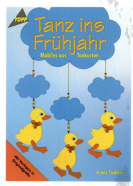

TOPP 2425

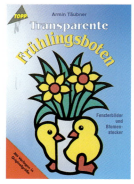

TOPP 2424

TOPP 2295

TOPP 2294

TOPP 2293

TOPP 2296

Fotos: frechverlag GmbH + Co. Druck KG, 70499 Stuttgart;
Fotostudio Täubner

Dieses Buch enthält:
2 Vorlagenbogen

Auflage:	5.	4.	3.	2.	Letzte Zahlen
Jahr:	2003	2002	2001	2000	1999	maßgebend

© 1998

ISBN 3-7724-2427-9 · Best.-Nr. 2427

frechverlag GmbH + Co. Druck KG, 70499 Stuttgart

Druck: frechverlag GmbH + Co. Druck KG, 70499 Stuttgart

Wie aus einem flachen Fensterbild durch Anbringen einzelner Motivteile aus Wabenpapier ein dreidimensionaler Blickfang wird, werde ich Ihnen auf den folgenden Seiten zeigen. Ich werde Ihnen zahlreiche frühlingshafte Fensterbilder und Dekorationen vorstellen.

Die plastischen Motivteile aus Wabenpapier machen aber auch als Solisten eine gute Figur. Auf Drahtstäbe geklebt, beleben Küken und Marienkäfer Blumentöpfe oder Frühlingssträuße. Vielleicht erkunden die Igel oder Mäuschen Ihre Fensterbank, oder Sie kleben die Tiere und Blüten aus Wabenpapier einfach auf runde oder ovale Scheiben aus Regenbogen-Fotokarton oder auf einen Tonkartonstreifen. Sie sehen, es gibt eine Vielzahl verschiedener Gestaltungsmöglichkeiten, und mit allen hält das Frühjahr bei Ihnen Einzug.

Arbeitsschritte

1 Pausen Sie sämtliche Teile ohne Überschneidungen mit Bleistift auf Transparentpapier ab. Kleben Sie das Transparentpapier auf einen dünnen Karton.

2 Schneiden Sie die Teile mit Schere und/oder Cutter aus. Achten Sie beim Arbeiten mit dem Cutter auf eine geeignete Schneideunterlage. Die ausgeschnittenen Teile sind Ihre Schablonen.

3 Legen Sie die Schablonen auf Tonkarton in den gewünschten Farben, und zeichnen Sie die Umrisse mit Bleistift nach. Die mit einem Doppelpfeil markierten Schablonen für die Teile aus Wabenpapier benötigen Sie später.

4 Schneiden Sie die Teile aus.

5 Das Wabenpapier besteht aus vielen Lagen dünnen Papiers, die durch parallel verlaufende Klebelinien miteinander verbunden sind. Legen Sie die Wabenpapierschablone mit der geraden Seite so an den Rand des Wabenpapiers, daß der aufgemalte Doppelpfeil parallel zu den Klebelinien des Wabenpapiers verläuft. Zeichnen Sie den Umriß nach, und schneiden Sie das Wabenpapierteil mit einer scharfen Schere aus.

6 Markieren Sie die Mitte der Blütenform aus Tonkarton mit einer Bleistiftlinie. Nun bestreichen Sie die gerade Seite des Wabenpapierteils mit Klebstoff und fixieren es auf der Bleistiftlinie der Blütenform. Es sollte an beiden Seiten 1-2 mm überstehen.
Lassen Sie das Wabenpapierteil kurz antrocknen, bevor Sie die Blütenform mit Klebstoff bestreichen und das Wabenpapierteil mit einer Pinzette, einem Schaschlikstäbchen o.ä. entfalten. Mit kleinen Wäscheklammern können Sie die Blüte fixieren, bis sie trocken ist.

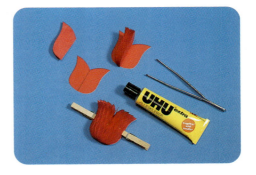

7 Abschließend wird das entfaltete Wabenpapierteil auf die Grundform geklebt.

Krähender Hahn

MOTIV-HÖHE: ca. 22 cm

Befestigen Sie an der Grundform des Hahnes Kamm, Schnabel, Kehllappen und die Füße. Malen Sie noch das Auge auf. Nun kann der Hahn zusammen mit der Grünfläche auf dem Rahmen aus Regenbogen-Fotokarton angebracht werden.
Auf das ovale Rumpfteil wird mittig das weiße Wabenpapierteil geklebt und entfaltet. Erst jetzt befestigen Sie das Rumpfteil auf der Grundform.

Am Ententeich

Kleben Sie den Enten die Schnäbel an. Die Augen werden aufgemalt. Sie können auch schwarze Klebepunkte (ø 8 mm) verwenden.

Das Entenpaar wird zusammen mit Schilf und Seerosenblättern auf dem Rahmen aus Regenbogen-Fotokarton angeordnet.

Kleben Sie jeweils ein weißes Wabenpapierteil mittig auf ein ovales Rumpfteil, und entfalten Sie es. Die beiden Rumpfteile werden auf die Entengrundformen geklebt.

Hasenpärchen unter Osterglocken

Auf die beiden Hasengrundformen werden die Gesichter gemalt und die Schwänz-chen sowie die Ohrinnenflächen angebracht. Kleben Sie die Hasen zusammen mit den Blüten auf den Rahmen aus Regenbogen-Fotokarton.

Nun wird jeweils ein braunes Wabenpapierteil mittig auf ein ovales Rumpfteil geklebt und entfaltet. Abschließend befestigen Sie die beiden Rumpfteile an den Hasengrundformen.

Hase im Tulpenfeld

MOTIV-HÖHE: ca. 20 cm

Das Hasenauge ist ein weißer Klebepunkt (ø 8 mm), auf den mit Filzstift eine schwarze Pupille gemalt wird. Ergänzen Sie noch das Hasengesicht. Zusätzlich werden noch das Schwänzchen und die weiße Ohrrinnenfläche auf die Hasengrundform geklebt.

Nun können Sie das Häschen zusammen mit den Blüten auf dem Rahmen anbringen. Kleben Sie das Wabenpapierteil mittig auf die ovale Rumpfform, und entfalten Sie es. Jetzt wird die Rumpfform am Häschenkörper befestigt.

Entenduo in verschiedenen Rahmen

Die Ente und das Entchen arbeiten Sie genauso wie die Ente auf S. 7 beschrieben. Für den runden Rahmen ziehen Sie mit dem Zirkel um denselben Mittelpunkt zwei Kreise (Radius 5 cm und 5,7 cm).

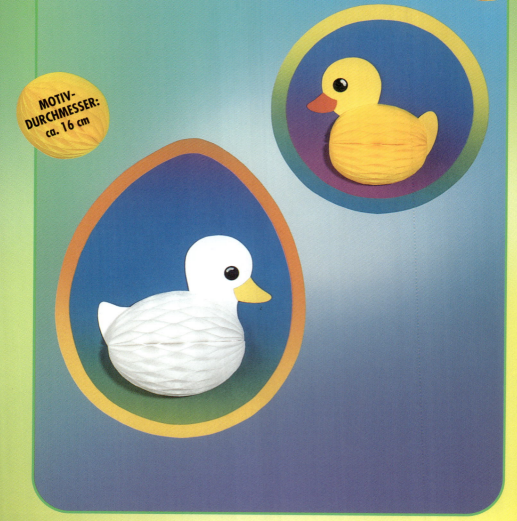

**MOTIV-DURCHMESSER:
ca. 12 cm**

**MOTIV-DURCHMESSER:
ca. 16 cm**

Enten- und Kükenbänder

Die Enten und Küken werden auf 50 cm langen und 2 cm breiten Streifen aus gepunktetem Tonkarton angeordnet.
Die Motive finden Sie auf S. 7, 10 und S. 26.

Mäuse

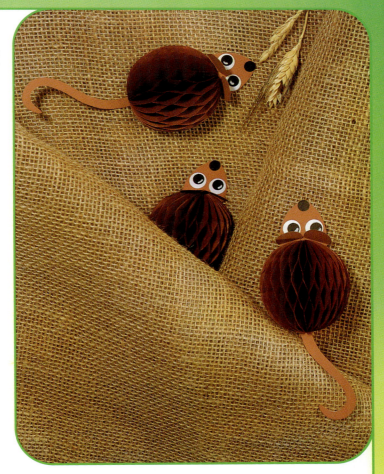

Kleben Sie das braune Wabenpapierteil mittig auf das ovale Rumpfteil, und entfalten Sie es. Am Kopf werden Nase und Augen (Klebepunkte, ø 8 mm und 12 mm) angebracht. Die Ohren ritzen Sie an den gestrichelten Linien an und knicken sie um. Sie werden leicht schräg am Kopf angeklebt, dabei weisen die umgeklappten Klebestellen zum Rumpf hin und werden von ihm verdeckt, wenn der Kopf von unten am Rumpf angebracht wird. Kleben Sie noch den Schwanz an.

Für die Blütenranke legen Sie beim Übertragen die Schablone abwechselnd so auf, daß der Blütenstiel einmal nach links und einmal nach rechts zeigt.

Die Blüten werden genauso gearbeitet wie die Tulpenblüten auf Seite 20.

Zaunkönige im Haselstrauch

Malen Sie mit einem Filzstift die Schnäbel auf den Vogelgrundformen braun an. Ebenfalls mit Filzstift werden die Augen aufgemalt. Kleben Sie die Zaunkönige zusammen mit den gelben Blütenständen auf den runden Rahmen.

Nun können Sie auf die beiden ovalen Rumpfteile mittig die Wabenpapierteile kleben und diese entfalten. Abschließend werden die Rumpfteile auf die Vogelgrundformen geklebt.

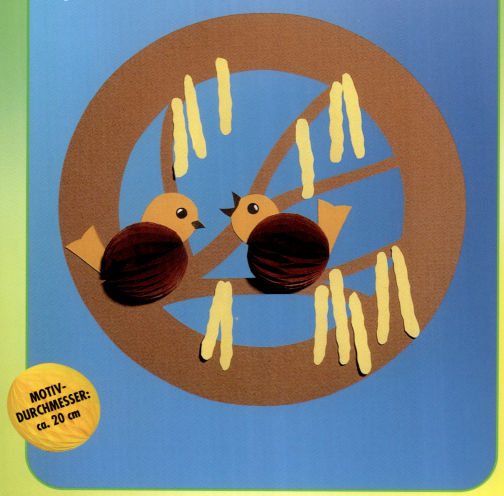

MOTIV-DURCHMESSER: ca. 20 cm

Hungrige Schnäbel

Den Küken werden die Schnäbel an- und die Augen aufgemalt, bevor sie ins Nest gesetzt werden. Befestigen Sie das Nest und die jeweils mit einem gelben Klebepunkt (ø 8 mm) verzierten Blüten auf dem runden Rahmen.

Auf die drei ovalen Rumpfteile kleben Sie mittig jeweils ein Wabenpapierteil und entfalten es. Abschließend werden die Rumpfteile an den Vogeljungen angebracht.

MOTIV-DURCHMESSER: ca. 20 cm

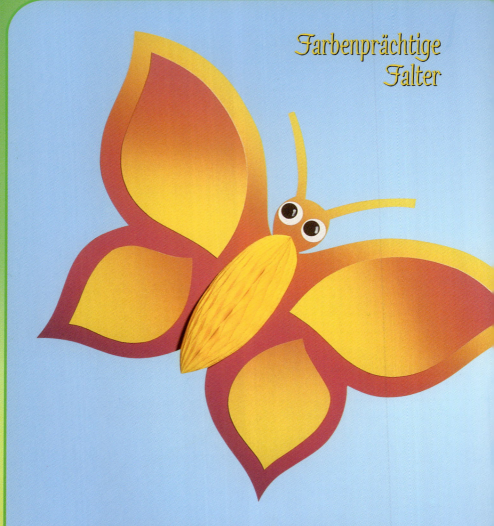

Auf die Schmetterlingsgrundform aus Regenbogen-Fotokarton kleben Sie die farblich passenden Flügelinnenflächen. Die Augen sind schwarze und weiße Klebepunkte (ø 8 mm und 12 mm).

Nun wird auf die spindelförmige Rumpfform mittig das Wabenpapierteil geklebt und entfaltet. Zum Schluß befestigen Sie die Rumpfform auf der Schmetterlingsgrundform.

17

Küken und Weidenkätzchen

Die weißen Weidenkätzchen werden 15mal ausgeschnitten und an den Zweigen befestigt. Vor den Zweigen wird das Grasbüschel und ein Küken (vgl. Kükenstecker auf Seite 26) angeklebt.

MOTIV-HÖHE: ca. 20 cm

Ein munteres Kükentrio

MOTIV-HÖHE: ca. 21 cm

Zuerst werden den Küken die Schnäbel und Füße angeklebt, dann erhalten sie Augen aus weißen und schwarzen Klebepunkten (ø 8 mm und 12 mm). Nun befestigen Sie die Grasfläche zusammen mit den Küken auf dem herzförmigen Rahmen aus Regenbogen-Fotokarton.

Das gelbe, ovale Rumpfteil und das gleichfarbige Wabenpapierteil ist bei allen drei Küken identisch. Kleben Sie es mittig auf das Rumpfteil, und entfalten Sie es. Nun können die Rumpfteile an den Küken angebracht werden.

Tulpen und Ostereier

MOTIV-
HÖHE:
ca. 22 cm

Der Rahmen ist identisch mit dem Rahmen auf Seite 6. Befestigen Sie das grüne Stengel-Blatt-Teil am Rahmen.

Nun werden mittig auf die Blüten- bzw. Eiformen (durchgezogene Linien) die Wabenpapierteile (gestrichelte Linien) geklebt und entfaltet. Kleben Sie dann die Blüten- und Eiformen auf das Fensterbild.

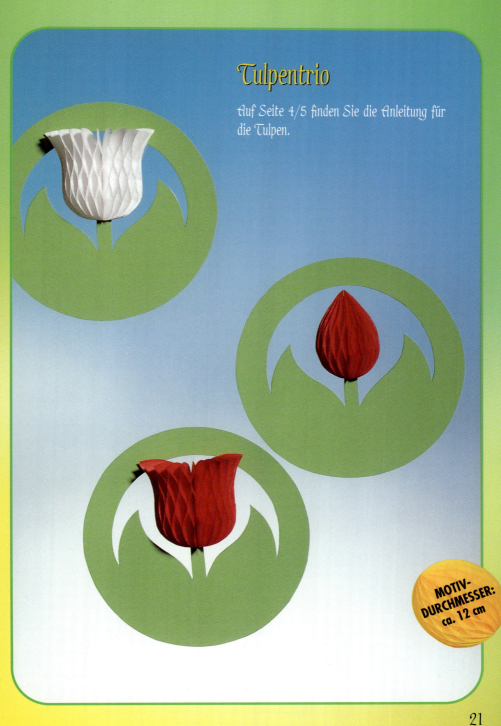

Tulpentrio

Auf Seite 4/5 finden Sie die Anleitung für die Tulpen.

MOTIV-
DURCHMESSER:
ca. 12 cm

Auf der Frühlingsweide

MOTIV-
HÖHE:
ca. 20 cm

Am grünen Rahmen wird zuerst der Zaun befestigt. Es folgen die beiden Schaf-grundformen, die Vögel und schließlich die Tulpenblüten. Den Schafen werden Au-gen und Nüstern aufgemalt.

Kleben Sie das weiße Wabenpapierteil mittig auf die wolkenförmige Rumpfform, und entfalten Sie es. Abschließend wird auf jeder Schafgrundform eine Rumpfform befe-stigt. Die Ohren werden an der gepunkteten Linie angeritzt, umgeklappt und ange-klebt.

Schaf unter blühendem Obstbaum

Auf den weißen Blüten werden gelbe Klebepunkte (ø 8 mm) fixiert, bevor sie im hellgrünen Laub des Baumes angeordnet werden. Im Gras unter dem Baum steht bereits das Schaf mit aufgemaltem Gesicht. Kleben Sie das weiße Wabenpapierteil mittig auf das wolkenförmige Rumpfteil, und entfalten Sie es. Nun wird das Rumpfteil auf die Schafgrundform geklebt. Zum Schluß bringen Sie noch das an der gepunkteten Linie geknickte Ohr an.

Wettklettern

Auf einem 50 cm langen und 2 cm breiten Streifen aus gestreiftem Tonkarton werden Hasen (s. S. 9) und Käfer (s. S. 25) beliebig angeordnet.

Glücksbringer

Auf das rote, ovale Rumpfteil wird mittig das ebenfalls rote Wabenpapierteil geklebt und aufgeklappt. Befestigen Sie das Rumpfteil auf der schwarzen Käfergrundform. Nun setzen Sie den Käfer auf das Blatt aus Regenbogen-Fotokarton.

MOTIV-HÖHE: ca. 21 cm

Küken- und Eistecker

MOTIV-
HÖHE:
ca. 8 cm

Alle Küken haben dieselbe Grundform, sie unterscheiden sich nur in der Anordnung von Schnabel und Fuß. Malen Sie noch die Augen auf.

Auf das ovale, gelbe Rumpfteil bzw. auf das rote Eiteil kleben Sie mittig das gleichfarbige Wabenpapierteil und entfalten es. Das Rumpfteil wird am Küken angebracht. Bei der einfachen Steckerversion befestigen Sie ein ca. 30 cm langes Drahtstück mit Heißkleber auf der Rückseite von Küken und Ei. Wenn Rückseite und Vorderseite identisch sein sollen, wird auch auf der Rückseite ein Rumpfteil bzw. ein Eiteil mit aufgeklebtem Wabenpapierteil benötigt. Den dünnen Draht kleben Sie zum Schluß in eine Wabe an der Unterseite des Motivs.

Gänsepaar

MOTIV-HÖHE: ca. 17 cm

Zuerst wird der Gans der Schnabel angeklebt, dann wird das Auge aufgemalt. Auf die ovale Rumpfform kleben Sie mittig das Wabenpapierteil und entfalten es. Die Gans wird zuerst am eiförmigen Rahmen aus Regenbogen-Fotokarton befestigt, bevor schließlich die ovale Rumpfform angebracht wird.

Stachelige Gesellen

Das Rumpfteil wird einmal mit und einmal ohne Kopf benötigt. Schneiden Sie das Wabenpapierteil an seiner gebogenen Seite mit der Zackenschere aus. Das Wabenpapierteil wird mittig auf das kopflose Rumpfteil geklebt und entfaltet. Nun können Sie das kopflose Rumpfteil auf dem anderen Rumpfteil befestigen, auf welchem schon Augen und Nase (Klebepunkte, ø 8 mm) angebracht sind. Die Pupillen werden mit einem schwarzen Filzstift aufgemalt.

Die Igel können Sie auf 50 cm lange und 2 cm breite Streifen aus gestreiftem Tonkarton kleben oder einzeln als Dekoration verwenden.

LÄNGE
EINES IGELS:
ca. 9 cm

29

Osternest mit Veilchen

Die Veilchen werden mit gelben Klebepunkten (ø 8 mm) verziert und zusammen mit dem Nest am Rahmen fixiert.

Auf die rote, blaue und gelbe Eiform kleben Sie jeweils mittig ein gleichfarbiges Wabenpapierteil und entfalten es. Befestigen Sie anschließend die Eier im Nest.

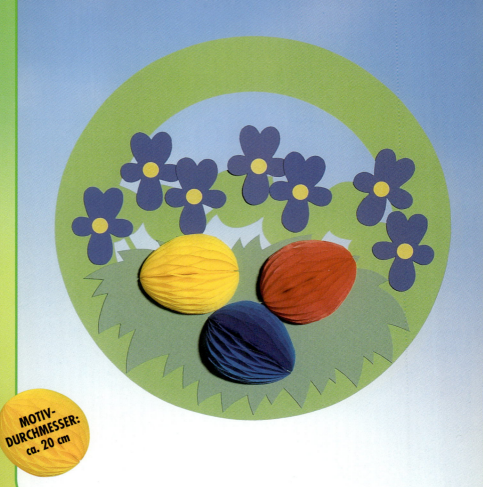

MOTIV-
DURCHMESSER:
ca. 20 cm

Küken und Narzissen

In der Mitte der Narzissenblüten werden gelbe und rote Klebepunkte (ø 12 mm und 18 mm) aufeinandergeklebt.
Die Küken sind mit den Kükensteckern (s. S. 26) identisch. Ordnen Sie die Blüten und die Küken, wie auf der Abbildung zu sehen, auf dem Rahmen an.

MOTIV-DURCHMESSER: ca. 20 cm

Marienkäferstecker

Wie die Käfer gearbeitet werden, können Sie auf Seite 25 nachlesen. Biegen Sie ein ca. 30 cm langes Drahtstück etwa 5 cm vom Ende entfernt in einem beliebigen Winkel um. Auf dem umgebogenen Drahtende fixieren Sie den Käfer am besten mit Heißkleber.

LÄNGE EINES KÄFERS: ca. 8 cm